Marie-Anne Gury

Evaluation de la personnalité en psychocriminalistique

Marie-Anne Gury

Evaluation de la personnalité en psychocriminalistique

Apport des échelles

Éditions Vie

Imprint
Any brand names and product names mentioned in this book are subject to trademark, brand or patent protection and are trademarks or registered trademarks of their respective holders. The use of brand names, product names, common names, trade names, product descriptions etc. even without a particular marking in this work is in no way to be construed to mean that such names may be regarded as unrestricted in respect of trademark and brand protection legislation and could thus be used by anyone.

Cover image: www.ingimage.com

Publisher:
Éditions Vie
is a trademark of
Dodo Books Indian Ocean Ltd. and OmniScriptum S.R.L publishing group

120 High Road, East Finchley, London, N2 9ED, United Kingdom
Str. Armeneasca 28/1, office 1, Chisinau MD-2012, Republic of Moldova, Europe
Managing Directors: Ieva Konstantinova, Victoria Ursu
info@omniscriptum.com

Printed at: see last page
ISBN: 978-613-9-58988-3

Marie-Anne Gury
112, rue de Créqui
69006 Lyon
gury.ma@gmail.com

EVALUATION DE LA PERSONNALITE EN PSYCHOCRIMINALISTIQUE.
APPORTS DES ECHELLES.

DIU de Psychocriminalistique

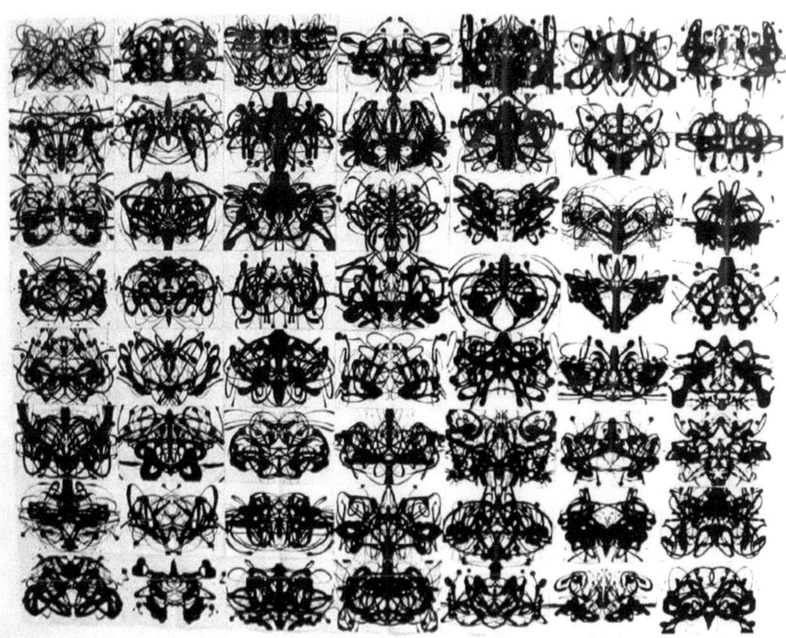

© Gilles Balmet – Test accrochage Rorschach

Membres du jury : Pr D. Malicier, Dr L. Fanton, Dr. P. Schoendorff,
M. S. Demarchi, M.L. Delhalle.

REMERCIEMENTS

Aux différents intervenants du Diplôme de psychocriminalistique pour la richesse et l'ouverture de leurs exposés

Aux responsables et au comité pédagogique pour permettre et soutenir l'existence et la qualité de ce diplôme de spécialisation

A mes responsables pédagogiques pour leurs conseils et leur lecture estivale

Aux autres étudiants du diplôme pour l'intérêt de nos échanges

Aux trois P.

A JMB
Au cercle des 17 A.

PREAMBULE

La personne est définie par la conscience qu'elle a d'exister au niveau biologique, psychologique et moral. Elle est universelle. Ce qui créée sa particularité et qui marque son unicité est la personnalité qui la compose. Appréhender les personnalités serait alors chercher à comprendre les êtres humains dans leur individualité tout en respectant leur personne. C'est l'ambition de ce travail.

TABLE DES MATIERES

Remerciements 2
Préambule 3
Table des matières 4
Introduction 5
I. L'Evaluation de la Personnalité 6
A. Définitions 6
B. Historique rapide des méthodes d'évaluation de la personnalité 6
C. Les méthodes projectives 8
II. Les échelles de personnalité 9
A. Définitions 9
B. Les inventaires de personnalité 10
C. Schéma récapitulatif des différents tests de personnalité 14
D. Les qualités métrologiques 15
E. Les qualités métrologiques des échelles de personnalité 16
1) Etude de la fiabilité du MMPI-2 16
2) Etude de la fiabilité de la PCL-R 17
III. Les échelles de personnalité utilisées en criminalistique 19
A. Les échelles spécialisées 19
B. Les échelles classiques 19
C. Les échelles le plus fréquemment utilisées 20
IV. Le Minnesota Multiphasic Personnality Inventory (MMPI) 24
A. Présentation du MMPI-2 24
B. Schéma résumé des échelles du MMPI-2 26
C. Simulations, Exagérations et Attitudes défensives 27
D. L'évaluation de la dangerosité et du risque de récidive 27
E. Le MMPI dans la police 28
F. Exemple de protocole 30
V. Psychopathy Check List Revised (PCL-R) 34
A. Présentation de la PCL-R 34
B. Schéma récapitulatif des facteurs et des items de la PCL-R 36
C. Détails des items de la PCL-R 37
D. L'évaluation de la violence et du risque de récidive 38
E. La PCL-R dans la police 40
F. La PCL-R dans l'autopsie psychologique 41
Conclusion 43
Bibliographie 44

INTRODUCTION

La psychocriminalistique est l'étude de l'ensemble des techniques mises en œuvre par la justice et la police pour établir la preuve d'un crime ou d'un délit en s'appuyant sur des outils modernes issus de la psychiatrie, de la médecine légale, des sciences humaines, etc…

Un des enjeux fondamentaux de cette discipline est de développer des connaissances et des compétences afin d'éviter une appréhension réduite des situations criminelles au risque d'éliminer certaines hypothèses explicatives d'un fait.

Les échelles de personnalité développée depuis le début du 20ème siècle peuvent apporter des éléments de compréhension complémentaires sur les criminels et leurs victimes. Particulièrement utilisées aux Etats Unis, nous relevons encore peu de travaux francophones (la plupart canadien) sur l'usage de ces dernières en criminalistique.

Etant donné le développement de l'usage de certaines échelles dans le champ judiciaire et policier nord-américain, nous pouvons nous interroger sur la validité de celles-ci et sur la pertinence qu'elles pourraient avoir dans une pratique criminalistique.

Après avoir étudié les différents mouvements historiques d'évaluation de la personnalité, nous verrons plus précisément quels différents types d'échelles coexistent et sur quels critères est fondée leur fiabilité. Ensuite nous évoquerons les échelles particulièrement utilisées en criminalistique. A l'issue de cette revue de littérature et après l'étude de leur fiabilité, deux outils semblent tout à fait pertinents : le MMPI-2 (inventaire de personnalité actualisé) et la PCL-R (échelle de psychopathie réactualisée dans les années 90). Nous détaillerons le fonctionnement de ces deux instruments d'évaluation puis nous verrons leurs applications notamment dans l'évaluation de la dangerosité et dans la pratique policière.

I. L'EVALUATION DE LA PERSONNALITE

A. Définitions

Le CNTRL[1] propose la définition suivante de la personnalité : « Ce qui constitue la personne, qui la rend psychiquement, intellectuellement et moralement distincte de toutes les autres. ». Ce mot est issu du latin *persona* qui signifie masque de théâtre, lui-même issu de *per sonare*, c'est-à-dire parler à travers.

Le masque portait la voix de l'acteur mais lui donnait aussi son apparence, l'émotion de son visage. Les éléments du masque symbolisaient le caractère du personnage : les grandes oreilles signifiaient la méchanceté, la pâleur la débauche, le grand nez l'idiotie, ou encore les joues rouges le fait d'être amoureux. Ils permettaient donc aux spectateurs d'avoir une image stable et cohérente du personnage.

L'évaluation de la personnalité va s'inscrire dans la lignée des masques de la tragédie du théâtre romain. A la recherche de traits principaux caractérisant un individu et permettant de prévoir ses comportements, à la recherche de grands types de fonctionnement humain ou encore à la recherche de raisons expliquant une conduite ou une attitude…

B. Historique rapide des méthodes d'évaluation de la personnalité

Hyppocrate

Jean Luc Bernaud[2] relève l'intérêt porté à l'évaluation de la personnalité à travers l'histoire. Dès l'Antiquité, Hyppocrate (460-377 av J.-C.) identifie des humeurs dans le corps humain (flegme, bile noire, sanguin) et les associe à des comportements. Galien (123-199) relève treize grands types de conduite (où soma et psyché sont liés).

En revanche, il y a peu d'évolution dans ce domaine jusqu'au 19ème siècle. Seules des approches pseudo-scientifiques à partir du 16ème siècle, telles que l'astrologie ou la phrénologie (Gall) ont porté sur divers aspects de la personnalité.

Freud (1884-1939) développe l'approche psychanalytique. La vie psychique ne se limiterait pas à la conscience ; l'inconscient en serait la partie la plus importante. Schématiquement, la dynamique de la personnalité serait liée aux différentes étapes du développement psychoaffectif passé durant l'enfance ainsi qu'aux angoisses auxquelles une

---

[1] Centre National de Ressources Textuelles et Lexicales http://www.cnrtl.fr/definition/personnalité

[2] Bernaud J.-L. (2008). Les méthodes d'évaluation de la personnalité, Dunod, 128p.

personne est confrontée. Face à ses angoisses, la personne met en place des mécanismes de défense pour ne pas se laisser envahir. Ces derniers nous donnent des indications sur le fonctionnement psychique, sur la personnalité d'un individu. L'approche psychanalytique est à la base des méthodes projectives d'évaluation de la personnalité. Dans ses méthodes, on considère que l'individu va révéler des éléments de sa vie psychique interne auquel il n'a pas consciemment accès à travers des supports visuels qui lui sont proposés (Hermann Rorschach, 1921).

En 1869, Galton entreprend l'étude anthropométrique des différences individuelles. En 1879, Wundt fonde le premier laboratoire de psychologie comportant une dimension psychométrique, c'est-à-dire l'étude des théories et des méthodes de la mesure en psychologie. En 1890, Cattell introduit la notion de *mental test*. En 1920, Woodworth met au point le premier inventaire de personnalité.

Le behaviorisme nait en opposition avec les théories psychanalytiques (Pavlov, Watson, Skinner). Dans ce courant, le terme de personnalité renvoie à l'ensemble des comportements observables d'une personne. La validité des méthodes projective est alors remise en question. Cattell[3] et Eysenk[4] (1920-1960) envisagent la personnalité comme un ensemble de facteurs ou traits relativement stables.

L'utilisation des tests de personnalité devient de plus en plus fréquente après la deuxième guerre mondiale (principalement pour la sélection de personnel et le diagnostic des troubles psychiques).

Ils s'appuient sur une approche différentielle. Celle-ci est centrée sur les déterminants individuels des comportements. L'existence de grands types ou traits qui caractérisent la personnalité est supposée. Ces traits de personnalité sont considérés comme relativement stables dans le temps chez un individu et générant sensiblement les mêmes conduites ou comportements.

Historiquement, mais aussi théoriquement et méthodologiquement, les deux modalités d'évaluation de la personnalité (test projectif vs test de personnalité) s'opposent. La présentation des deux types d'évaluation nous permettra d'en appréhender les différences.

---

[3] Cattell avec le 16PF (questionnaire de Personnalité en Facteurs, 1949) évalue 16 traits bipolaires de la personnalité normale (ex : Cordialité, Stabilité émotionnelle, Sensibilité, Réserve, Perfectionnisme...). Chaque trait est évalué par une dizaine d'items. La 5ème version (16 PF-5, 1993), comporte 185 items dont certains permettent de calculer des indices de validité de protocole, concernant la désirabilité sociale, l'acquiescement et les réponses rares.

[4] Eysenck crée en 1964 l'EPI (Eysenck Personnality Inventory), qui positionne le sujet sur deux dimensions essentielles indépendantes: le Névrosisme et l'Introversion/Extraversion. Il s'agit donc d'un questionnaire d'auto-évaluation comportant 57 items (24 items par dimensions et une échelle de mensonge comprenant 9 items) auxquels le sujet répond par oui ou non.

C. Les méthodes projectives

Les méthodes projectives s'appuient sur le concept de projection défini par Freud (Mécanisme inconscient de protection du moi). Cela suppose que l'individu n'a pas accès directement aux éléments les plus déterminants de son comportement. Ces épreuves requièrent donc un matériel ambigu, peu défini, afin de permettre au sujet une production de réponses non stéréotypées. Les réponses devront être interprétées par un spécialiste pour en dégager le sens. Les tests projectifs les plus utilisés auprès des adultes sont le Rorschach et le TAT.

Le Rorschach a été développé par Herman Rorschach en 1921. 10 planches représentant chacune une tâche d'encre symétrique variant en complexité sont présentées à l'individu. La cotation[5] est plutôt complexe. Elle permet de d'évaluer : la nature des processus intellectuels, les problèmes et conflits affectifs (angoisse, agressivité, inhibition), les images parentales, l'image du corps, la sexualité, etc. Il est reproché au Rorschach un manque de standardisation ainsi qu'une interprétation trop subjective. Une version de cotation moderne, créée par John Exner (1997) offrirait une meilleure objectivité.

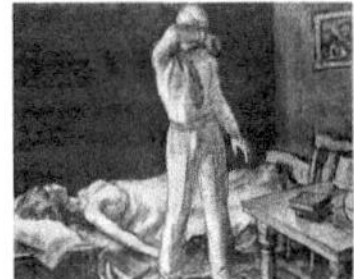

Le TAT (Thematic Apperception Test) est développé par Murray en 1935. Il est composé d'une vingtaine de planches (dessins, photos, gravures), présentant des situations ambiguës. La personne doit imaginer une histoire à partir de chaque planche. Le principe est que le sujet devient le héros de l'histoire et son discours permet au clinicien d'accéder à la dynamique de ses conduites. La cotation est complexe.

Ces techniques sont toujours aujourd'hui très utilisées et très appréciées pour leurs apports au diagnostic psychologique et à la compréhension du fonctionnement psychique. Cependant, la polémique importante concernant leur validité fait débat. C'est d'ailleurs la validité qui a été remise en question et qui a soutenu la création de tests se voulant plus objectifs et plus fiables à partir de questionnaires de personnalité.

---

[5] Manière d'évaluer, de catégoriser et d'interpréter les réponses au test

II. LES ECHELLES DE PERSONNALITE

A. Définitions

Les **tests** « consistent en une situation expérimentale standardisée qui sert de stimulus à un comportement »[6]. Ainsi, le support et la consigne d'un test sont toujours présentés de façon identique pour que deux individus différents passent le test dans des conditions le plus proche possible. Nous pouvons retrouver aussi les termes d'*instrument d'évaluation* ou *outil d'évaluation.* Ils peuvent porter sur les fonctionnements intellectuels (évaluation cognitive) ou la personnalité. Le test le plus utilisé concernant l'intelligence est la WAIS-R (Weschler Adult Intelligence Scale, en forme réactualisée). Comme nous l'avons évoqué précédemment, l'évaluation de la personnalité peut se faire sous forme projective ou à l'aide de questionnaires.

Les **échelles de personnalité** sont un type de test. Elles explorent les dimensions non intellectuelles c'est à dire les aspects affectifs et les choix, volontés et motivations d'un individu (appelés aspects conatifs). Une échelle n'a pour ambition de n'évaluer qu'un seul aspect de la personnalité. Comme une échelle d'anxiété, par exemple ou de dépression. Elles se présentent sous forme de questionnaire, chaque question ou affirmation est appelée **item**, pour lesquelles la personne doit choisir une réponse parmi celles proposées.

Voici comme illustration la consigne et les premiers items de l'échelle d'anxiété de Beck

Voici la liste de symptômes courants dus à l'anxiété. Veuillez lire chaque symptôme attentivement. Indiquez, en encerclant le chiffre approprié, à quel degré vous avez été affecté par chacun de ces symptômes **au cours de la semaine dernière, aujourd'hui inclus.**

	Au cours des derniers jours, j'ai été affecté par ...	**Pas du tout**	**Un peu.** ça ne m'a pas beaucoup dérangé(e)	**Modérément.** C'était très déplaisant mais supportable	**Beaucoup** Je pouvais à peine le supporter
1.	Sensation d'engourdissement ou de picotement	0	1	2	3
2.	Bouffées de chaleur	0	1	2	3
3.	« Jambes molles », tremblements dans les jambes	0	1	2	3
4.	Incapacité à se détendre	0	1	2	3
5.	Crainte que le pire ne survienne	0	1	2	3

Les échelles hétéroévaluatives sont remplies par un professionnel qui doit généralement affecter une note à une affirmation. Par exemple, la Psychopathy Checklist Revised (PCL-R) est une échelle d'évaluation de la psychopathie qui se

[6] Haddou M. (1998). *Les nouveaux tests démystifiés.* Aubier, 306p.

fonde sur la lecture des éléments du dossier et les entretiens avec l'examinateur. Chaque item correspond à une longue description dans le manuel.

Le premier item de la PCL-R est *Loquacité/Charme superficiel.* Il peut être résumé de la façon suivante[7] : Loquace, volubile, s'exprime avec facilité, charme superficiel, dépourvu de sincérité, répartie facile, raconte des histoires improbables de manière convaincante qui le mettent en valeur, sait se présenter sous un jour favorable et se faire apprécier, donne l'impression d'avoir des connaissances. L'item est à coter entre 0 et 2 : 0 si cela ne s'applique pas à la personne ; 1 si cela s'applique partiellement ou peut s'appliquer sur certains aspects et pas d'autres ; 2 si cela s'applique tout à fait.

Un **inventaire de personnalité** est composé de plusieurs échelles de personnalité, il explore donc plusieurs dimensions.

B. Les inventaires de personnalité

Le plus célèbre et le plus utilisé est le MMPI-2, le Minnesota Multiphasic Personality Inventory dans sa version révisée. Les items des différentes échelles sont mélangés dans le questionnaire. Exemple de questions (auxquelles l'individu doit répondre par Vrai ou Faux) : « je taquine parfois des animaux », « mon âme quitte quelquefois mon corps », « je manque toujours de confiance en moi », « j'ai bon appétit », « j'aime les romans policiers ou d'espionnage », etc…

Selon leur modalité de construction, nous pouvons distinguer trois catégories d'inventaire de personnalité. Les questionnaires prenant appui sur une **approche typologique** de la personnalité. Un type renvoie à un ensemble hétérogène de caractéristiques individuelles décrivant le comportement de manière globale. Par exemple, le MBTI (Inventaire Typologique de Myers-Briggs, 1943). L'objectif de cet inventaire est de déterminer les préférences fondamentales des individus en fonction de ce qui a trait à la perception et au jugement. Il comporte 4 échelles bipolaires, renvoyant aux quatre composantes du modèle de Jung : introversion/extraversion ; jugement/perception ; sensation/intuition ; pensée/sentiment. Au final, 16 types peuvent être distingués, 16 portraits psychologiques qui permettent la classification des individus. Ces inventaires sont notamment utilisés dans la psychologie du travail.

---

[7] D'après Niveau G. (2011). Evaluation de la dangerosité et du risque de récidive. Ed. L'Harmattan, 178 p.

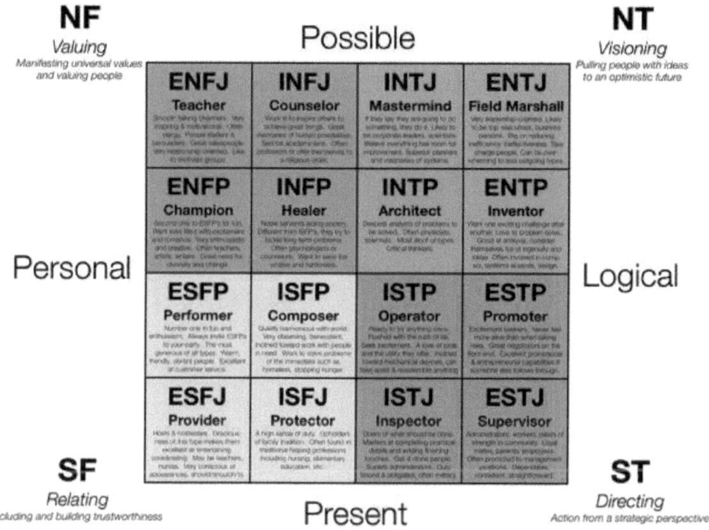

Exemple de classification professionnelle en fonction du MBTI

D'autres questionnaires s'appuient sur une **approche factorielle** de la personnalité. Les traits de personnalité sont considérés comme des composantes de la personnalité. L'analyse factorielle est la méthode statistique qui va permettre de les identifier. Un trait est relativement stable dans le temps et à travers les situations et se caractérise par un continuum sur lequel on va pouvoir situer les individus. Les corrélations entre les variables observables (items du test) sont extraites des variables latentes (les facteurs) et vont ensuite correspondre aux traits.

LE 16 PF de Cattell (questionnaire de Personnalité en facteurs, 1949) en est un exemple. Il évalue 16 traits bipolaires de la personnalité normale : Cordialité, Stabilité émotionnelle, Sensibilité, Réserve, Perfectionnisme, etc… Ces traits sont des traits de source ou des traits permettant d'expliquer de nombreux autres traits de surface. En combinant ces 16 dimensions primaires, on obtiendrait 5 facteurs secondaires (ou généraux) : Extraversion ; Anxiété, Intransigeance, Indépendance, Maîtrise de soi. La 5ème version a été créée en 1993 : le 16PF-5.

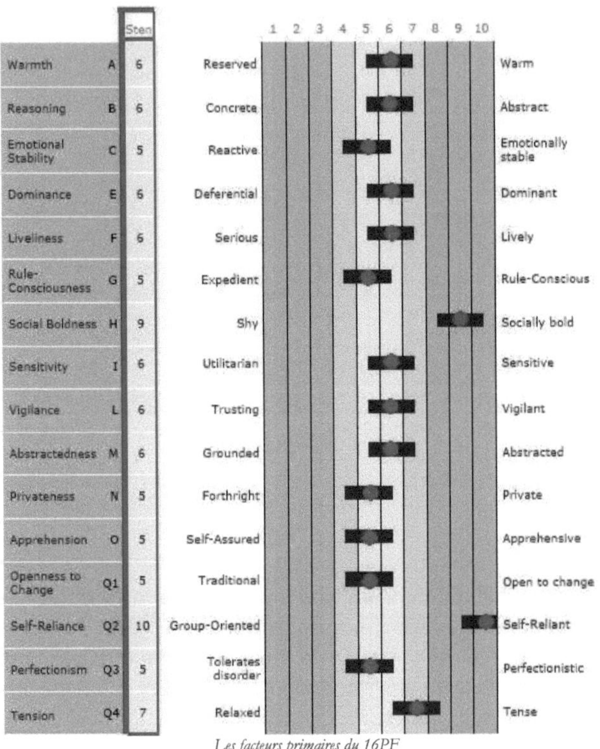

Les facteurs primaires du 16PF

Les inventaires s'inscrivant dans **une approche empirique** sont surtout construits aux Etats Unis. A visée pragmatique, ils s'appuient sur la méthode des groupes contrastés : un nombre important d'items est administré à deux groupes de sujets dont l'un est représentatif de la population générale et l'autre présente certaines caractéristiques que l'on souhaite évaluer à l'aide du test. Les items différenciant les deux groupes seront retenus. Le MMPI (Minnesota Multiphasic Personality Inventory, Hathaway et McKinlay, 1942) a été élaboré de cette manière. A partir de la littérature psychiatrique, 504 symptômes ont été relevés. Ils ont ensuite été transformés en questions. Ce questionnaire, appliqué à des malades de l'hôpital psychiatrique du Minnesota et à des sujets normaux, a permis de distinguer les items qui différencient les sujets malades des sujets normaux. Les items ont été regroupés en 10 échelles: Hypocondrie, Dépression, etc…

MMPI-2
Minnesota Multiphasic Personality Inventory-2

La fiabilité et la cohérence d'une échelle ou d'un inventaire de personnalité s'évaluent en fonction de ses qualités métrologiques.

C. Schéma récapitulatif des différents tests de personnalité

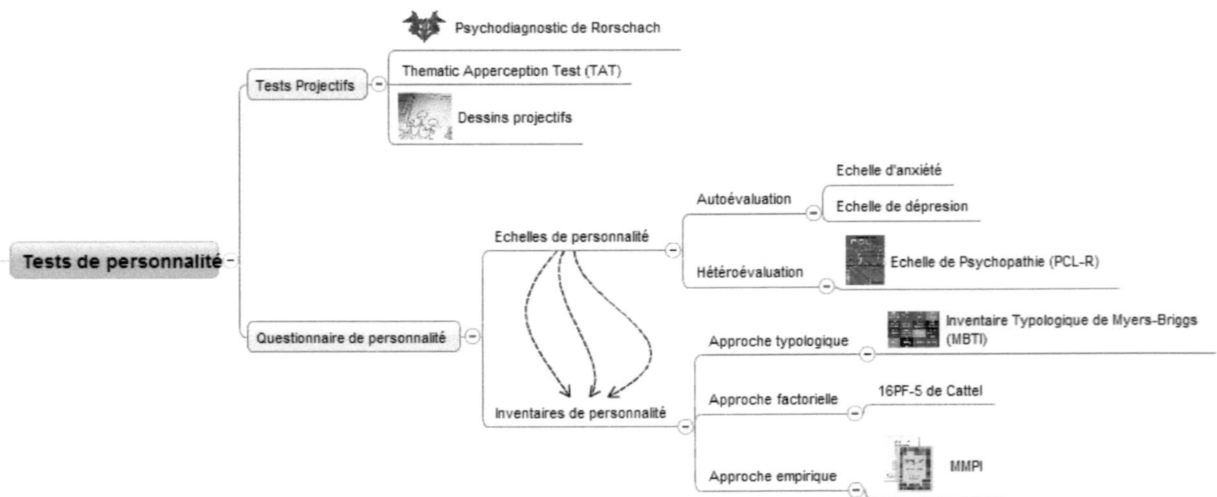

D. Les qualités métrologiques

La métrologie est la science des mesures et leurs applications. Ainsi, la maîtrise du processus de mesure permet l'obtention d'un résultat fiable. Les qualités métrologiques des échelles s'évaluent selon la sensibilité, la fidélité et la validité. Ces qualités sont établies avant pendant et après la construction d'une échelle.

La **sensibilité** correspond à la finesse discriminative. Elle permet de différencier un nombre suffisant de degrés distincts d'une même variable. Plus une échelle est sensible, plus elle permet de classer des individus de manière nuancée.

La **fidélité** se rapporte à la constance de la mesure. Elle doit présenter une constance temporelle et ne pas dépendre de l'examinateur. Elle s'évalue lors d'un test/retest (même test effectué aux mêmes individus) et en comparant la cotation de différents examinateurs. Elle dépend également de la **cohérence interne** qui indique à quel point les items d'un test mesurent la même dimension. Un coefficient de cohérence interne élevé confirme que les items du test sont similaires dans leur contenu (c'est-à-dire homogènes). La cohérence interne est communément mesurée par un coefficient *Alpha de Cronbach* qui varie entre 0 (faible) et 1 (élevé).

La **validité** est une des qualités complexes à évaluer. Une échelle est valide si elle mesure ce qu'elle est censée mesurer. La **validité de contenu** correspond au domaine que le test veut mesurer. L'ensemble des items doit être représentatif de ce domaine. La **validité de *construct*** (de structure) renvoie aux liens qui existent entre le test et la théorie sous-jacente à sa construction. Les épreuves psychométriques sont élaborées à partir d'hypothèses ensuite vérifiées de deux façons distinctes :

- Des experts jugent la concordance entre les items du test (le contenu) et le construit évalué (validité de façade)
- En administrant le test avec d'autres tests développés sur des construits théoriquement similaires et en examinant la corrélation entre les deux (validité convergente) ou en administrant le test en même temps que des tests théoriquement opposés et en examinant leur corrélation (validité divergente).

On évoque une **validité concourante** lorsqu'il y a conformité entre les résultats à l'échelle évaluée et ceux à un test de référence mesurant les mêmes domaines et dont la validité a été confirmée (indépendamment de la théorie sous-jacente). La **validité prédictive** est vérifiée après un délai, lorsque les résultats confirment ce que le test est censé prévoir.

En résumé, la validité indique à quel point le test est bon pour évaluer une situation particulière ; la fidélité, elle, indique à quel point le test est crédible et stable.

Concernant les réserves sur la fiabilité des tests projectifs qui a amené certains chercheurs aux inventaires de personnalité, Lilienfield, Wood et Garb[8] ont analysé les études portant sur la fidélité et la validité de trois types de tests projectifs les plus utilisés et les plus étudiés: le Rorschach, le Thématic Apperception Test (TAT) et les tests où il est demandé à la personne testée de dessiner, le résultat étant interprété par l'évaluateur. La conclusion de leur méta-analyse est que les trois types de tests analysés ne présentent pas suffisamment de critères de fidélité et de validité.

E. Les qualités métrologiques des échelles de personnalité

Ce qui fera la force d'une échelle de personnalité ce sont donc ces qualités métrologiques et d'un inventaire, la validité de ses échelles. Nous nous appuyons sur le MMPI-2 et la PCL-R pour en vérifier la validité et donc la pertinence de leur usage.

1) Etude de la fiabilité du MMPI-2 [9]

Une méta-analyse réalisée en 1998 a comparé la validité du MMPI-2 avec le test de Rorschach[10]. Les résultats montrent une validité nettement plus importante du MMPI-2 et, comme la plupart des études précédentes, déconseillent l'usage du Rorschach comme épreuve évaluative.

Le MMPI-2, la nouvelle version du MMPI, a été validé avec 1138 hommes et 1462 femmes de 7 états différents, de 18 à 85 ans, d'origine ethnique différente. Plusieurs méta-analyses ne relèvent pas de différences systématiques entre les groupes de différentes ethnies. La version française a été validée en 1997 par l'ECPA[11].

Le MMPI-2 est composé de 10 échelles cliniques, construites empiriquement, issues de la version précédente. La validité discriminative (sensibilité) pour plusieurs de ces échelles est problématique car elles sont significativement corrélées avec l'état psychologique de la personne (dépression et anxiété). Tellegen et al.[12] (2003) ont appelé cette composante *demoralization.* Par ailleurs, les coefficients de cohérence interne de ces échelles varient entre .34 et .85 selon les recherches et les échelles. Des coefficients particulièrement faibles rendent donc l'usage et

---

[8] Lilienfeld S.O., Wood J.M. & Garb G. N. (2000) The scientific status of projective techniqes. Psychological Science in the Public Interest, vol 1, n°2, p27-66.

[9] Minnesota Multiphasic Personnality Inventory- 2ème édition

[10] Garb H.N., Florio C. M. & Grove W.M. (1998). The validity of the Rorschach and the Minnesota Multiphasic Personality Inventory: Results from meta-analyses. Psychological Science, 9, 5, 403.

[11] Editions du Centre de Psychologie Apliquée

[12] Tellegen, A., et al. (2003). MMPI-2 Restructured Clinical (RC) Scales: Development, validation, and interpretation. Minneapolis, MN: University of Minnesota Press.

l'interprétation de ces échelles déconseillés. En revanche, les coefficients test/retest sont acceptables.

Afin d'annuler cette composante *demoralization* et d'améliorer la cohérence interne des échelles cliniques, fortement corrélées entre elles, Tellegen et ses collaborateurs[13] proposent des échelles restructurées dans lesquels cet aspect n'apparait plus. Avec ces échelles, les coefficients de cohérence interne varient de .63 à .87 et la stabilité test/retest de .62 à .88, ce qui valide la fiabilité de ces échelles.

Les autres échelles du MMPI-2 (de contenu, de validité et supplémentaires) présentent également des critères de fidélité satisfaisants.

Plus de 3000 recherches au sujet du MMPI-2 sont dénombrées depuis sa sortie en 1991. La validité du MMPI-2 a été confirmée dans de nombreuses situations et avec de nombreuses populations.

De cette validité dépend la recevabilité du test. Au niveau judiciaire, c'est un test particulièrement utilisé aux Etats Unis. Une décision de la Cour Suprême en 1993 (Aff. Daubert) décrit la validité de l'usage des techniques scientifiques. La technique doit pouvoir être testée empiriquement, elle a fait l'objet d'une évaluation par des pairs, le taux d'erreur de cette technique est connu, l'application de cette technique est standardisée, et enfin, la technique doit généralement être acceptée dans sa discipline d'origine. Le MMPI remplit tous ces critères et son usage est légitimé. Cependant, l'expert doit être en mesure de fournir les recherches sur lesquelles ses conclusions s'appuient. Ainsi, dans l'affaire Huberty, (2000), pour un attentat à la pudeur, l'expert a argumenté que le MMPI n'indiquait pas d'éléments d'exhibition. Son témoignage n'a pas été accepté car aucune recherche empirique n'a démontré de profil spécifique des exhibitionnistes.

2) Etude de la fiabilité de la PCL-R[14]

L'analyse psychométrique de la PCL-R a été effectuée sur 10 896 nord-américains et européens inculpés ou incarcérés. Dans le manuel d'utilisation, plus d'une centaine d'études valident la construction de l'échelle. Le taux de corrélation entre les items est acceptable. Le taux d'erreur standard varie entre 2 et 3. L'échelle est corrélée avec d'autres échelles de psychopathie ainsi qu'avec des inventaires de personnalité généraux comme le MMPI.
Toutes les recherches concernant la PCL-R sont référencées sur www.hare.org/references.

---

[13] Cf. note 12.
[14] Psychopathy Cheklist – Version révisée

La version française de la PCL-R a été validée en 1996 par Côté et Hodgins[15].
La fidélité interjuge est élevée : de .78 à .94.

La fiabilité de ces échelles est probablement une des raisons pour lesquelles elles sont utilisées en criminalistique par les pays nord-américains.

[15] Côté G, Hodgins S. (1996). L'échelle de psychopathie de Hare révisée (PCL-R) : Éléments de la validation de la version française. Toronto: Multi-Health Systems.

III. Les echelles de personnalite utilisees en criminalistique

Otto et Heilbrun[16] décrivent une « explosion » du développement et des articles sur les instruments d'évaluation en psychologie *judiciaire* (forensic). Cette explosion ne concerne que les travaux anglophones. Nous pouvons distinguer des instruments spécialisés, développés pour être pratiqués dans le cadre judiciaire et ceux habituellement pratiqués en psychologie générale qui s'avèrent pertinents dans ce cadre.

A. Les échelles spécialisées

Otto et Heilbrun[17] évaluent entre 40 et 50 échelles spécialisées en 2002. Ce nombre a sans doute augmenté depuis. Ces tests proposent la plupart du temps des données normatives fondées sur une population relevant du cadre judiciaire, permettant de comparer directement les résultats d'un individu avec cette population. Par ailleurs, ils peuvent présenter de meilleure qualité pour répondre à des questions judiciaires. Par exemple, la Psychopathy Checklist (PCL) et sa version révisée (PCL-R) a été créé par Hare en 1991 afin d'avoir une méthode standardisée d'évaluation de la psychopathie. C'est aujourd'hui un outil régulièrement utilisé.

Cependant, les échelles spécialisées présentent des recherches plus limitées dans la littérature ; leurs applications sont de fait limitées par leurs spécialisations et elles ne permettent généralement pas une compréhension globale d'un fonctionnement psychologique. Malgré le développement de ces instruments spécialisés, les échelles classiques continuent donc à jouer un rôle important en criminalistique.

B. Les échelles classiques

Les tests cliniques classiques peuvent fournir une compréhension générale du fonctionnement intellectuel, émotionnel et de la personnalité d'un individu. Cependant, ils sont développés principalement autour du diagnostic et du traitement, pas sur des applications judiciaires. La plupart ne s'appuient donc pas sur les normes de la population rencontrées dans le cadre judiciaire.

---

[16] Otto, R.K., & Heilbrun, K. (2002). The practice of forensic psychology : A look toward the future in the light of the past. *American Psychologist, 57,* 5-18.
[17] Idem 5

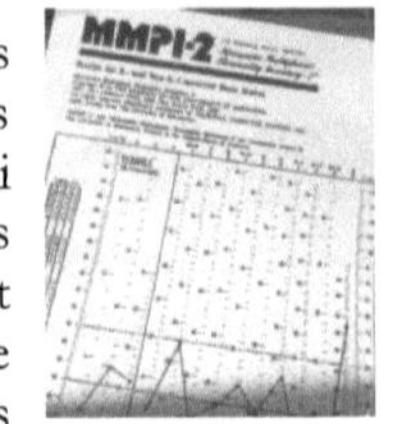

Néanmoins, pour certains inventaires de personnalité, des étalonnages appropriés ont été développé ainsi que des échelles spécifiques. Ainsi, le MMPI contient des indicateurs de validité qui sont une source importante d'évaluation des attitudes défensives et/ou des simulations. Les résultats des tests classiques ne peuvent souvent être directement utilisés dans le cadre judiciaire spécifique mais ils s'appuient sur de nombreuses recherches ayant validé leurs propriétés psychométriques, ce qui peut améliorer les conclusions dans une expertise judiciaire.

C. Les échelles le plus fréquemment utilisées

Une reprise des recherches américaines[18] montre que les instruments les plus régulièrement utilisés dans les évaluations judiciaires sont, pour les inventaires de personnalité, le Minnesota Multiphasic Personnality Inventory-2 (MMPI-2), le Million Clinical Multiaxial Inventory (MCMI-3ème édition) et, pour l'évaluation de l'intelligence, la Weschler Adult Intelligence Scale.

Dans une étude de Borum et Grisso[19] effectuée sur 43 psychiatres et 50 psychologues judicaires (env. 80% des experts du district étudié), 2/3 d'entre eux estiment que l'usage des tests psychologiques est recommandé ou essentiel dans l'évaluation de la responsabilité pénale. Le MMPI ou sa forme révisée (MMPI-2) est le plus couramment utilisé dans ces circonstances puisque 94% des professionnels « testeurs » l'utilisent. Boccaccini et Brodsky[20], dans une étude sur les tests utilisés par les psychologues dans l'évaluation du dommage psychologique, montrent, encore une fois, que le MMPI est le plus souvent utilisé, dans 94% des cas.

Lally[21] a interrogé 152 psychologues, diplômés en psychologie légale (American Board of Forensic Psychology). Il leur a été demandé en fonction des situations, quels étaient les tests recommandés, acceptables ou inacceptables. Une partie des résultats est reportée dans le tableau suivant[22] :

---

[18] Archer R.P., Wheeler E. M.A. (2012). *Forensic Uses of Clinical Assessment Instruments,* Taylor, 432p.

[19] Borum, R. & Grisso, T. (1995). Psychological test use in criminal forensic evaluations. Professional Psychology: Research and Practice, Vol 26(5), 465-473.

[20] Boccaccini, M.T. & Brodsky, S.L. (1999). Diagnostic test usage by forensic psychologists in emotional injury cases. Professional Psychology: Research and Practice, 30 (3), 253.

[21] Lally, S.J. (2003). What tests are acceptable for use in forensic avaluations ? A survey of experts. Professionnal psychology : Research and practice, 34, 491-498.

[22] Plusieurs réponses étaient possibles donc certains pourcentages peuvent dépasser 100.

Type d'évaluation et tests	Recommandé	Acceptable	Inacceptable
Etat psychologique au moment des faits			
WAIS - III[23]	60%	96%	
MMPI – 2	54%	94%	
R-CRAS[24]		94%	
Halstead-Reitan[25]		71%	
PAI[26]		69%	
Luria-Nebraska[27]		58%	
MCMI-III[28]		54%	
SBR[29]		52%	
Dessins projectifs			81%
TAT[30]			65%
Phrases à compléter[31]			60%

Type d'évaluation et tests	Recommandé	Acceptable	Inacceptable
Risque de violence			
PCL-R	63%	88%	
MMPI-2		88%	
PCL-SV[32]		73%	
VRAG[33]		73%	
WAIS-3[34]		67%	
PAI[35]		61%	
Dessins projectifs			90%
TAT[36]			82%
Phrases à compléter			71%
Rorschach			53%
16PF-5[37]			53%
Crédibilité/ Simulations			
MMPI-2	64%	92%	
SIRS[38]	58%	89%	

[23] Echelle d'évaluation d'intelligence de Weschler

[24] RCRAS : Rogers Criminal Responsibility Assessment Scales, échelle spécifique d'évaluation de la responsabilité criminelle.

[25] Tests neuropsychologiques pour évaluer les aspects physiques et les localisations d'éventuels dommages neurologiques.

[26] PAI : Personality Assessment Inventory, inventaire de personnalité

[27] Tests pour évaluer le fonctionnement neuropsychologique.

[28] Million Clinical Multiaxial Inventory (MCMI-3ème édition) : inventaire de personnalité

[29] Stanford-Binet révisée : échelle d'intelligence

[30] TAT : Thematic Apperception Test, test projectif où il s'agit de raconter une histoire à partir des planches.

[31] Test projectif

[32] PCL-R en version informatisée

[33] Violence Risk Appraisal Guide : Echelle actuarielle d'évaluation du risque de violence (2006)

[34] Echelle d'évaluation d'intelligence de Weschler

[35] PAI : Personality Assessment Inventory, inventaire de personnalité

[36] TAT : Thematic Apperception Test, test projectif où il s'agit de raconter une histoire à partir des planches.

[37] Test de personnalité factoriel de Cattel

WAIS-3	75%	
Figure de Rey[39]	68%	
PAI	53%	
VIP[40]	53%	
TOMM[41]	64%	
Halstead-Reitan[42]	51%	
Dessins projectifs		89%
Phrases à compléter		72%
TAT		72%
16PF		66%
Rorschach		55%

De nombreuses études suivantes confirment l'utilisation du MMPI-2 comme la plus fréquente dans le champ du judicaire.

D'après Brunet[43], psychologue au Québec, « un témoignage basé sur des données objectives (comme les résultats d'un test reconnu valide) sera toujours beaucoup plus apprécié qu'un témoignage basé uniquement sur des données subjectives ou sur une opinion professionnelle ». Il envisage le MMPI-2 et le MCMI comme des instruments complémentaires et en préconise l'usage dans l'expertise psycholégale.

En France, le MMPI ainsi que tout autre inventaire de personnalité sont rarement cités dans les travaux sur l'expertise, à l'encontre du Rorschach, test projectif, régulièrement utilisé en expertise psychologique. Ainsi le rapport de l'HAS (Haute Autorité de la Santé)[44] sur l'expertise de 2007 réduit l'usage des tests de personnalité uniquement aux tests projectifs : « En outre le psychologue clinicien dispose d'outils spécifiques permettant d'évaluer certaines caractéristiques de la personnalité (épreuves projectives) et de mesurer les compétences cognitives. » Pourtant la demande effectuée aux experts est souvent de « Procéder à l'examen qui utilise les tests et tous autres moyens de psychologie moderne ».

---

38 Structured Interview of Reported Symptoms pour évaluer les simulations et exagérations des symptômes psychiatriques

39 Reproduction de figure pour dépister des problèmes cognitifs et neurologiques

40 ValidityIndicator Profile

41 Test of Memory Malingering

42 Tests neuropsychologiques pour évaluer les aspects physiques et les localisations d'éventuels dommages neurologiques.

43 Brunet L., ss dir. (1999). L'expertise psycholégale. Balises méthodologiques et déontologiques, Presses de l'Université du Québec, 372p.

44 HAS - Haute Autorité de la Santé (2007). Expertise psychiatrique pénale, Rapport de la commission d'audition. Recommandations.

Un ouvrage sur l'expertise psychologique paru en 1999[45] s'appuie sur 45 ans de « psychologie projective criminelle francophone » et préconise uniquement l'usage de tests projectifs tels le TAT ou le Rorschach.

Cependant, récemment, Sultan et Chudzik[46] proposent une approche originale en utilisant conjointement le Rorschach et le MMPI. Une illustration avec une personne présentant un diagnostic de personnalité antisociale permet d'appréhender comment cette double évaluation met à jour, plus finement, une dynamique psychologique sous-jacente sur laquelle il sera ensuite possible de s'appuyer pour mettre en place un soin.

Le MMPI-2 et la PCL-R apparaissent comme deux des outils recommandés, qui par ailleurs, sont scientifiquement validés. Dans les parties suivantes, nous reprendrons chacun d'eux en détaillant leur fonctionnement et en présentant certaines des leurs applications pratiques.

---

[45] Villebru L.M., Viaux J.L. (1999). Expertise psychologique, psychopathologie et méthodologie, l'Harmattan, 448p.
[46] Sultan S., Chudzik L. (2010). Du diagnostic au traitement : Rorschach et MMPI-2, Editions Mardaga, 256 pages.

IV. Le Minnesota Multiphasic Personnality Inventory (MMPI)

A. Présentation du MMPI-2

Le MMPI a été élaboré à l'hôpital du Minnesota par Hataway et McKinley à la fin des années 30. Il est le questionnaire de personnalité le plus cité depuis 65 ans.

Le MMPI a été révisé à partir des années 1980. Ce dernier a été adapté en raison de questions sexistes ou devenues obsolètes. Il a par ailleurs une meilleure adaptation au DSM IV[47]. Depuis 1991, une nouvelle version de l'épreuve a été réalisée (Butcher, Dahlstrom et Graham.) : le MMPI-2. Il a alors pris un nouvel essor. L'adaptation française date de 1997 à partir d'une validation dans 25 pays.

Il s'adresse à des personnes de 18 ans et plus. La passation dure entre 60 et 90 minutes. Il s'agit de 567 affirmations (items) reflétant une croyance, une attitude ou une préoccupation auxquelles la personne évaluée doit répondre par « vrai », « faux ». Elles sont dans des champs divers évoquant les conditions physiques, les attitudes morales et les conduites sociales.

Les items distinctifs sont regroupés en différentes échelles. En totalité, il fournit 118 échelles différentes dans le compte-rendu officiel de l'université du Minnesota. La connaissance de ces différentes échelles ainsi que de leur validité psychométrique est importante dans l'interprétation du protocole.

Il existe 10 échelles cliniques principales construites de manière empirique (et 31 sous échelles) : Hs (hypochondrie), Hy (hystérie), D (dépression), Pd (psychopathie), Pa (Paranoïa), Pt (Psychasthénie), Sc (schizophrénie), Ma (Manie), Si (introversion), et l'échelle Mf Masculin/féminin. Leurs validités sont remises en questions, comme cela a été évoqué plus haut.

Les 9 échelles restructurées semblent donc plus judicieuses pour l'interprétation d'un protocole, elles sont statistiquement plus performantes. Elles ont pour objectif de poser des hypothèses interprétatives afin d'établir un profil de personnalité

---

47 Diagnostic and Statistical Manual of Mental Disorders" (Manuel diagnostique et statistique des troubles mentaux). Le DSM-IV est un système officiel de classification des signes et symptômes des maladies mentales de l'Association américaine de psychiatrie (dans sa quatrième édition).

Les échelles de validité sont un élément important du test. Elles ont été conçues pour mesurer l'attitude et l'approche de la personne qui effectue le test.

Les échelles de contenu facilitent l'interprétation en ciblant des problématiques particulières (addiction, problèmes familiaux, anxiété…)

Enfin, les résultats aux Échelles PSY-5 orientent vers un diagnostic en 5 facteurs de la personnalité.

B. Schéma résumé des échelles du MMPI-2

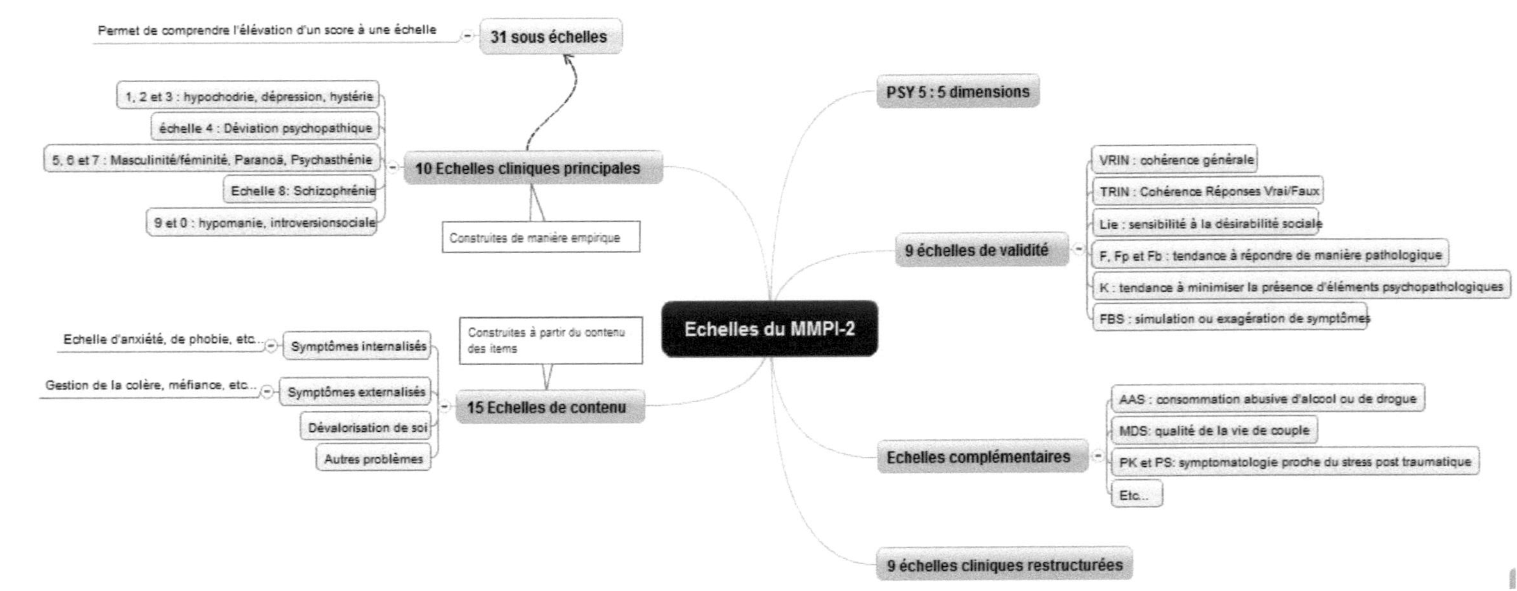

Les premiers usages du MMPI en criminologie furent pour catégoriser et expliquer les comportements criminels, dès les années 40. Aujourd'hui, il est utilisé de façon plus large.

C. Simulations, Exagérations et Attitudes défensives

L'intention de distorsion de réponses est élevée dans les évaluations civiles et judicaires. La simulation ou l'exagération sont courantes dans ces situations. Les échelles VRIN et TRIN permettent d'évaluer la probabilité de réponses au hasard et peuvent amener à remettre en question la validité d'un protocole.

Les échelles F sont utilisées afin de mesurer les simulations ou exagérations. Rogers et al.[48] reprennent 65 études sur la simulation et 11 études diagnostiques. D'après eux, le Fp est le plus pertinent pour évaluer les protocoles simulant des maladies psychiatriques. Les échelles F sont sensibles à l'exagération de la folie mais s'avèrent peu pertinentes dans les dommages corporels. En revanche, l'échelle FBS est recommandée dans l'évaluation de la crédibilité de plaintes somatiques et d'atteinte des fonctions cognitives.

Dans le cas de minimisation ou de déni de problèmes psychologiques, ce sont plutôt les échelles L et K qui s'avèreront pertinentes.

En France, Lachaux et al. [49] dans un article sur la crédibilité soulignent l'intérêt complémentaire des tests psychométriques et évoque en premier lieu le MMPI-2 comme permettant de distinguer les patients psychiatriques de ceux simulant des troubles psychiatriques graves.

D. L'évaluation de la dangerosité et du risque de récidive

Ce type d'évaluation est particulièrement d'actualité dans le champ de l'expertise. Il s'agit de la prédiction d'un comportement potentiellement dangereux. Cette évaluation se fait à l'aide d'élément **statiques**, c'est-à-dire historique (antécédents) et démographique (âge, genre…) et d'éléments **dynamiques**. Le MMPI n'est pas un outil prédictif mais il peut fournir des éléments sur les aspects dynamiques de la personnalité.

---

48 Rogers, R., Sewell, K. W., Martin, M. A., & Vitacco, M. J. (2003). Detection of feigned mental disorders: A meta-analysis of the MMPI-2 and malingering. *Assessment*, 10, 160–177.

49 Lachaux B. et al. (2008). Crédibilité et expertise psychiatrique. L'information psychiatrique, Vol. 84, 9, p. 853-860.

Les échelles supplémentaires MAC-R (MacAndrews Alcoholism), AAS (Addction Acknowledgment Scale) et APS (Addiction Potencial Scale) apportent des informations sur la consommation excessive d'alcool ou la prise de drogues.

Certains travaux ont mis en avant qu'un score élevé à l'échelle 4 (déviation psychopathique) associé à un QI faible était un prédicteur de comportements violents. Cependant, depuis, la validité de cette échelle a été remise en question en raison d'une trop grande hétérogénéité et qu'elle ne présente pas de corrélation suffisante avec d'autres échelles de psychopathie validée. Encore une fois, l'usage des échelles restructurées semble plus indiqué.

Ainsi, d'après Selbom et al.[50] si une élévation aux échelles RC4 (comportement antisocial) et RC9 (activation hypomaniaque) est associée à un score faible aux échelles RC2 (faibles émotions positives) et RC7 (émotions négatives dysfonctionnelles), la probabilité de comportements violents est élevée. Par ailleurs, cette recherche confirme une corrélation élevée entre l'échelle RC4 (comportement antisocial) et la PCL-R (inventaire de psychopathie).

Une autre recherche (Selbom et al.[51]) a été effectuée sur 483 hommes condamnés engagés dans un programme de psychoéducation et montre qu'il y aurait 2,5 fois plus de récidives chez les individus présentant un score élevé aux échelles RC4 (comportement antisocial) et RC9 (activation hypomaniaque).

Actuellement, il y a peu de recherches sur l'usage du MMPI-2 dans l'évaluation de la dangerosité. Il ne semble pas être un outil suffisant dans ce champ là mais il peut compléter d'autres évaluations.

E. Le MMPI dans la police

Dans les journaux du FBI, les usages du MMPI-2 sont parfois cités. Ainsi, pour le recrutement des policiers, ce test est utilisé dans 60% des états[52]. Il peut être également préconisé dans l'évaluation psychologique des aptitudes à leurs missions[53]. Lorsqu'un supérieur repère que des troubles de la personnalité ou du stress provoque ou contribue à des problèmes de comportements, il peut demander cette évaluation. Dans le cadre de cette évaluation, des tests psychologiques peuvent être utilisés, tels que le MMPI-2. Un score élevé à l'échelle de déviance

---

[50] Sellbom, M., Ben-Porath, Y. S., & Stafford, K. S. (2007). A Comparison of MMPI-2 Measures of Psychopathic Deviance in a Forensic Setting. Psychological Assessment, 19, 430-436.

[51] Sellbom, M., Ben-Porath, Y. S., Baum, L. J., Erez, E., & Gregory, C. (2008). Empirical correlates of the MMPI-2 Restructured Clinical (RC) Scales in a Batterers Interventions Program. Journal of Personality Assessment, 90, 129-135.

[52] De Cicco D.A. (2000). Police officer candidate assessment and selection. FBI Law Enforcement Bulletin, Vol 69, n°12, p1-6.

[53] Miller L. (2007). The psychological Fitness-For-Duty Evaluation. FBI Law Enforcement Bulletin, Vol 76, n°8, p10-15.

psychopathique (échelle 4), c'est l'exemple qui est pris, va être interprété comme une tendance élevée à l'impulsivité et à négliger les lois et conventions. (Comme je l'ai déjà précisé, il est plus juste d'utiliser l'échelle RC4).

Une recherche de 2007[54] a été effectuée sur 291 policiers américains afin d'évaluer les échelles qui pourraient être les prédicteurs de mauvaises conduites. Aucune échelle clinique classique n'est significative. En revanche, un score élevé aux échelles restructurées RC4 (comportement antisocial) et RC8 (Expériences bizarres) associé à un score faible à la RC3 (Cynisme) est un prédicteur significatif de comportements problématiques.

Une autre étude[55] sur plus de 4000 candidats à l'école de police aux Etats Unis porte sur l'échelle de validité L (Lie). Les candidats ayant un score au-dessus de 7 à cette échelle ont significativement plus de problèmes de performances que les autres. Par ailleurs, les sujets présentant un score élevé à cette échelle sont impliqués dans un certain nombre de problèmes de comportement au travail.

---

[54] Sellbom, M., Ben-Porath, Y. S., & Fischler G.L. (2007). Identifying Mmpi-2 Predictors of Police Officer Integrity and Misconduct, Criminal Justice and Behavior , 34, 985.

[55] Weiss W.U., Davis R., Rostow C., Kinsman S. (2003). The MMPI-2 L scale as a tool in police selection. Journal of Police and Criminal Psychology, 18, n° 1, 57-60.

F. Exemple de protocole[56]

Afin d'illustrer ces différentes applications, voici la présentation détaillée d'un protocole. Il s'agit d'un homme âgé de 43 ans ayant tué son père il y a plus de 20 ans. L'abolition du discernement avait alors été reconnue et il est, depuis, hospitalisé. Une demande de mettre fin à cette hospitalisation motive la passation du MMPI-2.

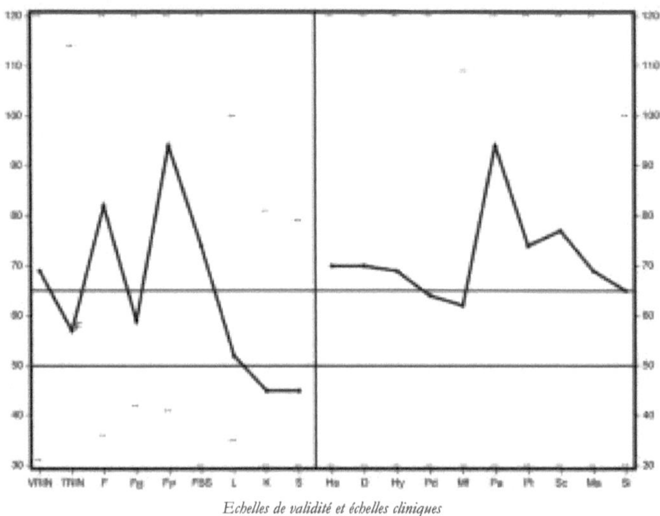

Echelles de validité et échelles cliniques

Quelques réponses marquent des incohérences (VRIN / TRIN) mais pas suffisamment pour remettre en question les résultats. Les échelles F marquent une élévation qui pourrait mener à l'invalidation du protocole. Cependant, lorsqu'on met en lien cette élévation avec les éléments relevés lors de l'entretien, c'est probablement le degré élevé de psychopathologie qui élève ces échelles (de nombreux éléments en faveur d'un délire de persécution sont relevés).

Excepté les échelles 4 et 5 (déviation psychopathique et Masculinité/féminité), toutes les échelles cliniques présentent une élévation. Mais comme nous l'avons vu auparavant, ces échelles peuvent être amplifiées par la composante *demoralization*, probable chez une personne au passé psychiatrique important. L'interprétation des échelles restructurées semble, comme c'est recommandé, plus judicieuse.

---

[56] Cette situation a été créée à partir de profils « classiques ». Les feuilles de profil que j'utilise pour cet exemple sont issues de : Archer R.P., Wheeler E. M.A. (2012). *Forensic Uses of Clinical Assessment Instruments,* Second Edition, Taylor&Francis, 432p.

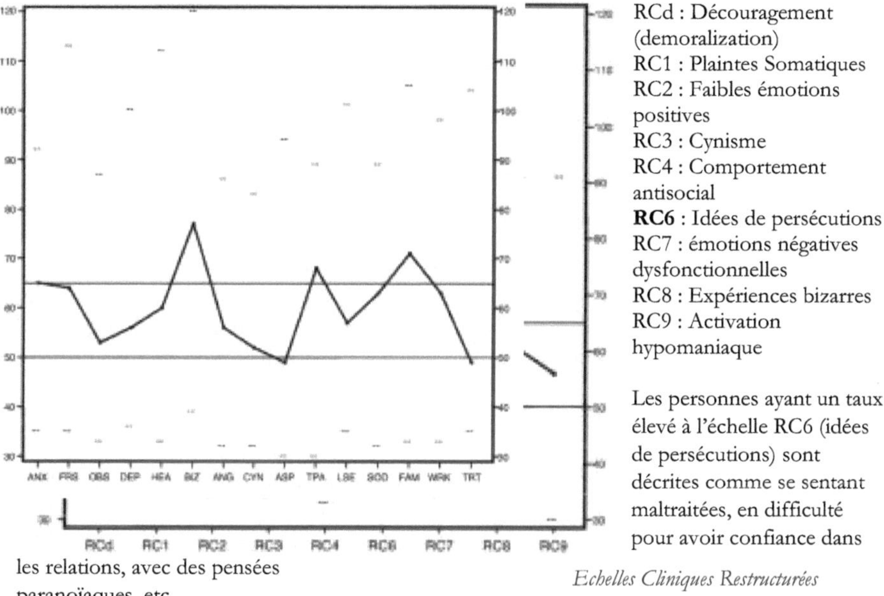

RCd : Découragement (demoralization)
RC1 : Plaintes Somatiques
RC2 : Faibles émotions positives
RC3 : Cynisme
RC4 : Comportement antisocial
RC6 : Idées de persécutions
RC7 : émotions négatives dysfonctionnelles
RC8 : Expériences bizarres
RC9 : Activation hypomaniaque

Les personnes ayant un taux élevé à l'échelle RC6 (idées de persécutions) sont décrites comme se sentant maltraitées, en difficulté pour avoir confiance dans les relations, avec des pensées paranoïaques, etc…

Echelles Cliniques Restructurées

Nous repérons plusieurs élévations :

ANX (Anxiety) évalue l'anxiété généralisée avec présence des inquiétudes excessives, de la tension, des problèmes de sommeil, de concentration.

BIZ (Bizarre Mentation) évalue la présence d'un processus psychotique avec des symptômes positifs comme les hallucinations (BIZ1) ou des caractéristiques schizotypiques.

TPA (Type A Behavior) évalue un ensemble d'attitude telle que l'impatience, l'irritabilité (TPA1) ou qui peut prendre l'aspect de ressentiment, d'un penchant pour la vengeance.

FAM (Family Problem) reflète les conflits et l'animosité familiale (FAM1) ou le détachement affectif (FAM2)

Echelles de Contenu

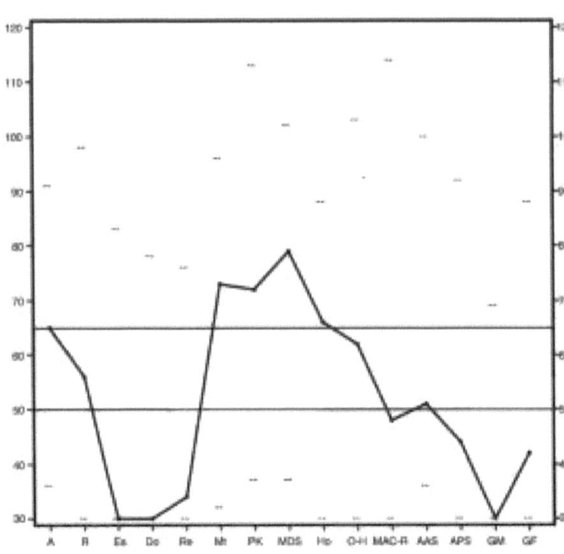

Echelles Supplémentaires

A (Anxiety) concerne le niveau général de détresse émotionnel.

Es (Ego strenght) reflète un niveau général de ressources psychologiques

Do (Dominance) évalue la facilité des relations sociales, la confiance en soi, la persévérance

Mt (collège Maladjustement) évalue la capacité des étudiants à faire face à leurs études. Les personnes qui ont une tendance élevée ont tendance à la procrastination, au manque de confiance en soi et à gérer le stress avec difficulté

PK (symptomatologie proche de celle rencontrée dans le stress post-traumatique) et MDS (Marital Distress) ne semblent pas pertinentes dans ce contexte.

Ho (hostility) reflète un niveau d'expérience élevé dans la colère et les comportements hostiles.

MAC-R, AAS, APS confirment l'absence de problématique addictive.

Elévation de la dimension PSYC (Psychotique) indique des indices de déconnexion avec la réalité.

En conclusion de ce protocole, les différents éléments du profil semblent cohérents avec la présence marquée d'un délire persécutoire et d'un comportement potentiellement hostile.

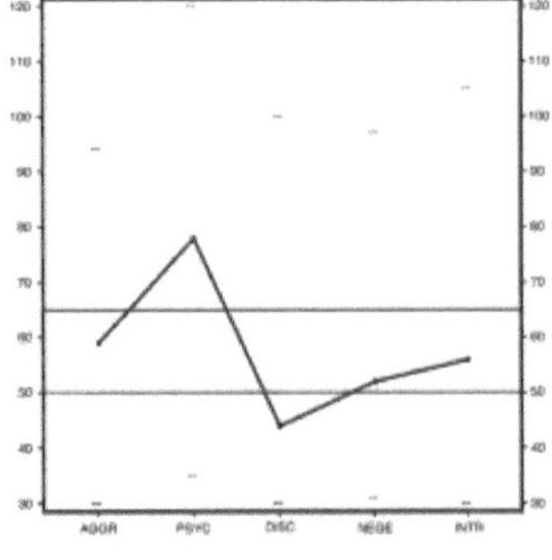

Profil PSY 5

La nécessité de s'appuyer sur des éléments cliniques issus des éléments biographiques ainsi que de la rencontre avec la personne évaluée semble fondamentale. En effet, pour pouvoir interpréter un tel protocole certains éléments cliniques sont nécessaires ainsi qu'une bonne connaissance des échelles, ceci évitant des interprétations fallacieuses. Par ailleurs, il semble indispensable de confronter les résultats du test, quel que soit sa validité, avec des éléments du réel, à la recherche d'incohérences sur lesquelles il est nécessaire d'élaborer des hypothèses explicatives. C'est à ce prix, d'après moi, qu'on peut prétendre dresser le profil le plus proche possible d'une personnalité.

V. Psychopathy Check List Revised (PCL-R)

A. Présentation de la PCL-R

A partir de 1941, Hervey Chekley décrit des patients qui ont l'air sain mais manquent de remords et d'empathie, sont impulsifs et manipulateurs. Il dit qu'ils souffrent de pauvreté émotionnelle et répertorie leurs symptômes. Hare s'appuie sur cette description pour créer la PCL en 1980.

Après de nombreuses recherches, une nouvelle version sort en 1991 : la PCL-R. Quelques items ont changé par rapport à la version initiale pour être plus facilement cotables. La version française a été validée en 1998. En 2003, une deuxième version de la PCL-R apparait, les items de l'échelle sont identiques mais le manuel a été révisé. En effet, ce dernier tente de réduire les mauvais usages de l'échelle et intègre les nouvelles recherches.

Hare insiste sur les compétences de l'utilisateur de la PCL-R. D'après lui, il devrait :

- Avoir une formation avancée dans le domaine médical, psychologique ou social
- Etre inscrit sur le registre de sa profession
- Avoir de l'expérience dans le domaine des populations délinquantes
- Utiliser l'échelle auprès d'un sujet appartenant à une population pour laquelle l'échelle a été validée (principalement des hommes dans un contexte médico-légal)
- Avoir une formation et une expérience suffisante dans l'utilisation de la PCL-R.

Actuellement, la PCL-R se présente comme un standard international pour l'évaluation de la psychopathie dans la recherche et dans la pratique criminologique.

Il est composé de 20 items. Chacun s'évalue 0, 1 ou 2. 0 si le critère ne correspond pas du tout à l'individu, 1 s'il lui correspond dans certaines circonstances et pas dans d'autres. 2 s'il lui convient tout à fait. L'évaluation s'effectue en 2 temps : un entretien semi-structuré et l'étude de documents et d'information collatérale.

L'entretien semi-structuré doit évoquer les champs de : l'éducation, le travail et les conditions financières de vie, les antécédents médico-psychologiques, les antécédents familiaux, les relations affectives maritales et sexuelles, les addictions, les comportements anti-sociaux depuis l'adolescence et des généralités. Il dure entre 90 et 120 minutes. Il peut être fait en plusieurs fois ce qui donnera peut-être plus d'éléments sur les styles d'interaction de la personne. En effet, l'objectif de cet entretien n'est pas uniquement de recueillir des éléments sur l'histoire et le parcours de la personne mais également d'apprécier son fonctionnement interpersonnel.

L'étude des documents et des informations collatérales (famille, collègue, amis) permet de compléter les éléments historiques et sur le parcours et d'évaluer la vérité et la validité des réponses données lors de l'entretien.

L'échelle vise à cerner le fonctionnement psychopathique selon deux facteurs complémentaires : les traits de personnalité (facteur 1) et les comportements antisociaux (facteur 2). Le facteur 1 peut être résumé en deux termes : le narcissisme et la déficience émotionnelle. On distingue 2 sous facteurs : le style interpersonnel et la déficience émotionnelle. Le facteur 2 fait référence aux comportements. Il peut être divisé en 2 sous facteurs : le style de vie et le comportement antisocial.

B. Schéma récapitulatif des facteurs et des items de la PCL-R

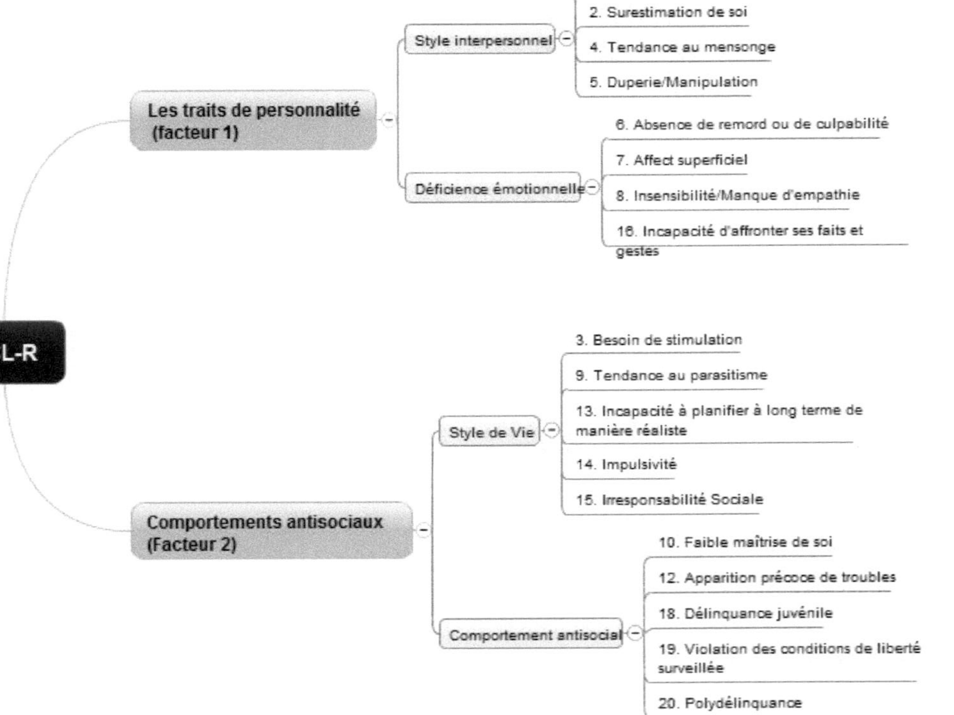

Les items :
11. Promiscuité sexuelle,
17. Nombreuses cohabitations de courte durée
Correspondent aux 2 facteurs

C. Détails des items de la PCL-R

Les items de la PCL-R (1991) sont les suivants :

1. Loquacité/charme superficiel : sujets séducteurs et volubiles, adroits socialement
2. Surestimation de soi : ego démesuré
3. Besoin de stimulation/tendance à s'ennuyer : c'est pourquoi on les appelle des *sensation seekers*
4. Tendance au mensonge pathologique : tendance mythomaniaque à mentir pour mentir
5. Duperie/manipulation : bénéfices secondaires, flatterie interpersonnelle
6. Absence de remords ou de culpabilité : ne souffrent pas de leurs actes, ne souffrent pas de ce qu'ils ont fait aux autres
7. Affect superficiel : peu enclins à ressentir des émotions et à ressentir les émotions des autres, oscillations d'humeurs et d'émotions, ont des difficultés à répondre à la question « Quel a été le plus beau/le moins beau jour de votre vie ? »
8. Insensibilité/manque d'empathie : captent peu ou pas du tout les émotions d'autrui (et notamment la souffrance)
9. Tendance au parasitisme : dépendance des autres, exploitation des autres (ex : proxénétisme, trafic de stupéfiants,…)
10. Faible maîtrise de soi : explosivité comportementale (comportements disproportionnés par rapport aux raisons de leurs actes)
11. Promiscuité sexuelle : comportements sexuels non-sélectifs et peu investis au niveau affectif
12. Apparition précoce de problèmes de comportement : problèmes sérieux avant l'âge de 12 ans
13. Incapacité à planifier à long terme et de façon réaliste
14. Impulsivité : fonctionnement au coup de tête, changements d'avis fréquents, changements d'emploi fréquents, action dans l'urgence
15. Irresponsabilité sociale : peu responsables socialement, ne respectent pas leurs contrats et engagements
16. Incapacité d'assumer la responsabilité de ses faits et gestes : déni, attribution externe, « c'est la faute aux autres, à la société »
17. Nombreuses cohabitations de courte durée : vie sentimentale émaillée et précoce
18. Délinquance juvénile
19. Violation des conditions de mise en liberté conditionnelle (ex : ne pas suivre un traitement)
20. Diversité des types de délits commis par le sujet, polydélinquance (ex : escroquerie, agressions sexuelles, homicides, faux et usage de faux,…)

Les 20 items s'évaluent sur un score de 0 à 2. Le score maximal est donc de 40. Des règles de cotation sont spécifiées pour chacun des items. Par exemple, pour l'item 17 (nombreuses cohabitations de courte durée.), seules les cohabitations de 1 mois à 1 an en continu sont comptées. Une distinction est effectuée si la personne a plus ou moins de 30 ans. Si la personne a plus de 30 ans, de 0 à 2 cohabitations, il faut coter 0 ; 3 cohabitations, 1 ; et 4 ou plus, il faut coter 2.

Le diagnostic de psychopathie se fonde sur l'ensemble des 20 critères retenus. L'identification de quelques traits de personnalité ne permet pas de poser un diagnostic.

L'interprétation du score final dépend d'un seuil (cut off). Ce seuil varie selon le milieu socioculturel. Le score de cut off est de 30 aux Etats Unis alors qu'en Europe, c'est plutôt celui de 25 qui est évoqué. Une des explications serait sur le comportement antisocial, plus fréquent aux Etats Unis avec par exemple la grande accessibilité aux armes. Quoi qu'il en soit, plutôt qu'un score, il semble préférable d'évoquer un niveau de psychopathie :

- 0-7 : Très faible
- 8-15 : Faible
- 16-23 : Moyen
- 24-30 : Elevé
- 32-40 : Très élevé

D. L'évaluation de la violence et du risque de récidive

Dans sa construction, la PCL-R n'a pas été conçue pour évaluer le risque de récidive. Pourtant, nous l'avons vu, aux Etats-Unis c'est une échelle recommandée dans l'évaluation du risque de violence. Walsch & Walsch [57], en 2006, ont fait une revue des cas répertoriés dans la *Westlaw database*[58]. Entre 1991 et 2004, ils observent l'introduction de la PCL-R en lien avec les normes de preuve définies par la Cour Suprême (cf Daubert). La présence de cette échelle a notablement augmenté et s'étend à de plus en plus de juridictions. Dans la plupart des situations, elle est utilisée avec des hommes comme prédicteur de la violence dans la communauté, ce qui est juridiquement recevable. En revanche, d'après eux, elle n'est pas pertinente pour la violence institutionnelle ni pour les femmes, les adolescents et les minorités ethniques (pas suffisamment de recherche avec ses populations).

---

[57] Walsh, Z., & Walsh, T. (2006) The evidentiary introduction of PCL-R assessed psychopathy in U.S. courts: Extent and appropriateness. Law and Human Behavior, 30, 493-507.

[58] Westlaw database est un des principal service de recherche en ligne judicaire. Elle contient plus de 40 000 bases de données sur la jurisprudence.

Par ailleurs, une recherche exploratoire[59] auprès de 60 délinquants ayant une déficience intellectuelle suivis pendant une période de 12 mois montre que la PCL-R ne permet pas de prédire de façon significative tout type de comportement agressif.

En Angleterre, Khiroya et al. [60], dans une recherche sur 29 unités judiciaires, concluent que la PCL-R est un des outils à utiliser préférentiellement dans l'évaluation du risque de violence. En France, elle fait partie des outils préconisés dans la littérature[61].

Effectivement, de nombreuses études[62] montrent qu'elle présente une force prédictive au moins équivalente à des échelles d'évaluation du risque de récidive comme la VRAG ou la HCR-20. La plus grande opposition à la PCL-R vient de Martens, un chercheur hollandais, qui considère que le concept de psychopathie tel qu'il est véhiculé par Hare (créateur de cette échelle) est inexact et éthiquement discutable. En effet, le psychopathe ne serait pas soignable, ce qui d'après lui est faux et déontologiquement problématique.

Un score élevé à la PCL-R indique un risque important de récidive mais un score faible n'indique pas qu'il n'y a pas de risque de récidive. Par exemple les délinquants condamnés pour des affaires de mœurs sur mineurs peuvent avoir des scores de psychopathie peu élevés et pourtant présentent un risque statistique de récidive important.

Le score de la PCL-R est intégré à des échelles actuarielles comme la VRAG (Violence Risk Appraisal Guide), il en est le douzième et dernier item.

Il existe également des facteurs positifs de la non-récidive, autrement dit des facteurs qui réduisent notablement le risque de récidive. Ils peuvent être classés en deux catégories : les facteurs de désistance et les facteurs de protection.

Les facteurs de désistance : l'âge (au sens de la maturité), les évènements positifs de la vie (rencontre amoureuse, naissance d'un enfant, emploi stable…), le renforcement du capital humain (le développement des capacités à communiquer, des capacités à mieux gérer ses émotions…), le renforcement du capital social

---

[59] Morrissey C., Hogue T., Mooney P., Allen C., Johnston S., Hollin C., Lindsay W. R. & Taylor J.L. (2007). Predictive validity of the PCL-R in offenders with intellectual disability in a high secure hospital setting: Institutional aggression. Journal of Forensic Psychiatry and Psychology, Vol. 18, N° 1, 1-15.

[60] Khiroya R., Weaver T., & Maden T. (2009). Use and perceived utility of structured violence risk assessments in English medium secure forensic units. The Psychiatrist , 33, 129-132.

[61] Niveau G. (2011). Evaluation de la dangerosité et du risque de récidive. Ed. L'Harmattan,, 178 p.

[62] D'après Niveau G. (2011). Evaluation de la dangerosité et du risque de récidive. Ed. L'Harmattan,, 178 p.

(intégration dans des relations non délinquantes, insertion professionnelle, développement de compétences…)

Les facteurs de protection : Ils peuvent être internes comme l'intelligence, l'empathie ou le contrôle de soi. Ils peuvent également être motivationnels (travail, loisir, objectifs de vie) ou encore externes (réseau social ou relation intime).

Une approche qui ne relèverait que des facteurs négatifs, tel que serait l'usage unique de la PCL-R serait donc incomplète voire faussée puisqu'elle ne prendrait pas en considération les facteurs en mesure d'atténuer le risque de récidive.

E. La PCL-R dans la police

D'après Logan et Hare [63], les criminels psychopathes sont des délinquants à haut risques. Une meilleure compréhension de leur personnalité permet donc d'élaborer des stratégies d'enquête appropriées et d'avoir une meilleure gestion de leur comportement. Bien que le diagnostic de la PCL-R doive être effectué par des professionnels de santé formés, des policiers expérimentés et formés peuvent déceler les traits définis par cette échelle. Pour faciliter ce travail, le développement d'un outil informatisé est en cours. Ce dernier vise à donner une échelle de classement simple et les recommandations face à ce type de personnalité.

Les lois du Canada permettent au Service Correctionnel de fournir à la police toutes les données concernant un délinquant. Parmi elles, les évaluations psychologiques et éventuellement la PCL-R peuvent donner une base pour l'enquête d'un policier, ce qui lui permet, en amont, d'évaluer si la personne est en mesure d'avoir un lien émotionnel ou d'éprouver de l'empathie. Utiliser des « attrapes » émotionnelles risque de ne pas être une stratégie efficace face à un fonctionnement psychopathique. Logan et Hare décrivent le détail des stratégies à effectuer avec ce type de personnalité.
D'après des professionnels, cet outil est utilisé aussi dans la gendarmerie française, notamment dans le département des sciences comportementales.
Dans le bulletin du FBI, la PCL-R apparait à plusieurs reprises comme l'outil permettant de fournir un degré d'évaluation de la psychopathie, citée dans le rapport sur les *serial killers* [64] ou encore dans le numéro spécial sur le psychopathie de juillet 2012[65].

---

[63] Logan, M., & Hare, R. D. (2008). Criminal psychopathy: An introduction for police. In M. St-Yves & M Tanguay (Eds.). In Psychology of criminal investigation: The search for the truth (pp. 359-405). Cowansville, Quebec: Editions yvon blais.

[64] Serial Murder. Multi-disciplinary perspectives for investigators. (2008). Behavioral Analysis Unit-2. National Center for the Analysis of Violent Crime. US Department of justice. FBI. 61p.

[65] Babiak P., O'Toole M.E. (2012). The corporate psychopath. FBI Law Enforcement Bulletin, Vol 81, n°11, p7-12.

F. La PCL-R dans l'autopsie psychologique

Comme la PCL-R est complétée par un professionnel à partir également de dossier, elle peut s'avérer un instrument utile dans l'autopsie psychologique dont l'objectif est d'avoir des éléments sur les pensées et les sentiments d'une personne avant sa mort. Cela permet de comprendre les raisons de ses actes.

Matt Logan[66] a été mandaté pour faire l'autopsie psychologique de James Roszko. A Mayerthope, en 2005, il a tué 4 officiers de la Gendarmerie Royale du Canada avant de retourner l'arme contre lui et de se suicider. La PCL-R a été utilisée. Son score général dépasse largement le cut-off et le place dans le 91ème percentile de la population des délinquantes (autrement dit parmi les 9% de la population délinquante ayant le niveau de plus élevé de psychopathie). Pour le facteur 1, son score est au niveau le plus élevé (les 1%). Les résultats à l'échelle, les éléments du dossier et le mode opératoire amènent Logan à conclure que cet acte était préparé de longue date afin de se venger des actes des officiers de police à son encontre. D'après Logan, une meilleure préparation de l'intervention, avec éventuellement un profilage à l'aide de la PCL-R, aurait peut-être permis de l'appréhender autrement et éventuellement de réduire les risques de passage à l'acte de Roszko. En France, on ne peut pas légalement intégrer une étude psychologique en amont.

Mary Ann Cotton a été condamnée à mort en 1873 pour avoir assassiné au moins 21 personnes à l'aide de l'arsenic : sa mère, ses maris et les enfants que ceux-ci avaient eu de précédentes unions ainsi que ses propres enfants. Elle était engagée comme infirmière ou femme de ménage, fréquentait les hommes qui l'avait employé, éventuellement les épousait et les engageait à prendre une assurance-vie. Son troisième mari, James Robinson s'aperçut qu'elle lui avait volé de l'argent, contracté des dettes à son nom et avait forcé ses enfants à mettre en gage des objets de valeur qui lui appartenait. Ils se séparèrent et elle épousa Frederick Cotton ce qui la rendit bigame. Elle ne reconnut jamais sa culpabilité quant aux meurtres.

Dans le tableau suivant, afin d'illustrer un protocole détaillé, je traduis une recherche dans les archives[67] qui a permis de compléter le profil de Mary Ann Cotton à la PCL-R.

---

[66] Logan M. (2002). No more bagpipes. The threat of the psychopath. FBI Law Enforcement Bulletin, Vol 81, n°7, p14-27.

[67] Wilson D, Yardley E. (2013). The psychopathy of a Victorian serial killer. Journal of criminal psychologie, vol 3, n°1, p12.

Score clinique de Mary Ann Cotton à la PCL- R		
1. Loquacité/Charme superficiel	2	Mary Ann Cotton s'est fréquemment et rapidement établie au sein de différentes communautés, se faisant rapidement des amis et trouvant un travail dans de nombreuses maisons.
2. Surestimation de soi	2	Elle a prédit officiellement la mort de sa mère et de son beau-fils. Elle était ravie de pouvoir mettre en concurrence ses connaissances médicales en tant qu'infirmière avec celles des médecins.
3. Besoin de stimulation, tendance à s'ennuyer	0	Pas de documents permettant d'évaluer ce critère
4. Mensonge pathologique	2	Elle était ravie de prétendre que les affections des membres de sa famille n'étaient pas la conséquence d'un empoisonnement à l'arsenic ; elle a maintenu son innocence, y compris face aux preuves du contraire.
5. Duperie/Manipulation	2	De multiples histoires dans ses relations. Par exemple, elle a établi une relation avec Quick-Manning aussitôt qu'elle a commencé à être son infirmière tout en maintenant une relation avec Nattrass. Elle a frauduleusement détourné l'argent de James Robinson.
6. Manque de remord ou de culpabilité	2	Elle a maintenu son innocence jusqu'à son exécution et n'a jamais (d'après les archives) manifesté un remord ou de la culpabilité face à ce qui était arrivé à ses victimes.
7. Affect superficiel	1	Pendant les entretiens d'enquête, elle a montré des manifestations dramatiques. Par exemple, elle a demandé théâtralement à voir James Robinson et l'enfant qu'elle avait abandonné avec un ami.
8. Insensibilité/Manque d'empathie	2	Mis en évidence par ses crimes.
9. Tendance au parasitisme	1	Elle travaillait comme gouvernante et cela lui a permis de rencontrer des hommes qu'elle a pu ensuite utiliser à ses fins. Elle a également travaillé comme couturière et aide-soignante.
10. Faible maîtrise de soi	0	Il n'y a pas d'éléments dans les archives historiques.
11. Promiscuité sexuelle	2	Elle utilisait son aisance pour établir des relations avec des hommes ce qui signifiait l'accès à eux et à leur maison. Quelques articles après son décès l'évoquaient comme une prostituée. Elle a probablement tué son beau-fils Charles parce qu'elle avait établi une nouvelle relation avec Quick-Manning dans le West-Auckland.
12. Apparition précoce de problèmes de comportements	0	Pas d'éléments pour valider ce critère dans les archives.
13. Incapacité à planifier à long terme de manière réaliste	2	Elle vivait comme une nomade, avec une vie au jour le jour, et quand elle a abandonné son bébé dans le Sunderland qu'elle a ensuite demandé à voir alors qu'elle était dans le Durham Gaol indique qu'elle n'avait pas une vue claire sur ce qu'elle voulait.
14. Impulsivité	2	De nombreux exemples de son manque de contrôle de son impulsivité.
15. Irresponsabilité	0	Cet item ne s'applique pas. En effet, elle voulait des responsabilités par exemple elle était la première l'école et elle a été infirmière.
16. Incapacité d'accepter ses faits et gestes	2	Elle maintient son innocence même lors de son procès et de sa courte période d'emprisonnement.
17. Nombreuses cohabitations de courte durée	2	Elle a été mariée 4 fois.
18. Délinquance juvénile	0	Pas d'éléments pour valider ce critère dans les archives.
19. Révocation de la liberté surveillée	0	Non concernée
20. Polydélinquance	1	Elle a fraudé pour obtenir l'argent de James Robinson. Polygamie.
	25	

A priori, Mary Ann Cotton présentait une psychopathie élevée d'après le seuil européen. Cependant, dans cette étude, au moins 5 points sont affectés en relation avec les crimes qu'elle n'a jamais reconnu avoir commis.

CONCLUSION

Comme toute technique criminalistique, l'usage des échelles et inventaires de personnalité nécessite une représentation solide de leur fonctionnement ainsi qu'une vigilance à avoir dans l'opportunité de leur utilisation et dans leur interprétation. Celles-ci nécessitent une mise à jour régulière des connaissances dans ce domaine. L'intérêt d'utiliser des échelles fiables et largement exploitées réside dans la validité des résultats obtenus. C'est d'ailleurs l'exigence des tribunaux américains pour qu'un test psychologique soit reconnu à titre de preuve.

Le MMPI-2 et la PCL-R entrent, nous l'avons vu, dans cette exigence. Ils se révèlent des outils pertinents dans la pratique criminalistique, tant dans la pratique de l'expertise judicaire que dans l'enquête judiciaire de la gendarmerie et de la police.

Ainsi, l'indication du degré de psychopathie d'un individu peut donner des indications sur les méthodes à mettre préférentiellement en place dans le cadre d'une enquête ou de l'appréhension d'un individu. La question de la vulnérabilité semble également d'actualité dans la littérature anglophone avec des préconisations et des recommandations dans l'entretien avec ce type de personne. D'autres tests, non explorés dans ce travail, pourraient permettre d'évaluer la vulnérabilité d'une personne interrogée.

Sur le champ judiciaire, excepté dans l'évaluation de la dangerosité où des écrits tendent à se développer, l'étude et le pratique des échelles et inventaires de personnalité en France reste rare. A l'heure où la qualité des expertises psychologiques et psychiatriques est souvent remise en question, l'usage d'outils scientifiquement validés est sans doute une voie de perfectionnement…

BIBLIOGRAPHIE

Archer R.P., Wheeler E. M.A. (2012). *Forensic Uses of Clinical Assessment Instruments,* Second Edition, Taylor&Francis, 432p.

Babiak P. and coll. (2012). Psychopathy. An important forensic concept for the 21st century. *FBI Law Enforcement Bulletin*, Vol 81, n°7, p3-13.

Babiak P., O'Toole M.E. (2012). The corporate psychopath. *FBI Law Enforcement Bulletin*, Vol 81, n°11, p7-12.

Bernaud J.-L. (2008). *Les méthodes d'évaluation de la personnalité*, Dunod, 128p.

Bisson T. (1997). *Le MMPI. Pratique et évolutions d'un test de personnalité.* Presses universiataires de Grenoble. 175p.

Boccaccini, M.T. & Brodsky, S.L. (1999). Diagnostic test usage by forensic psychologists in emotional injury cases. *Professional Psychology: Research and Practice*, 30 (3), 253.

Borum, R. & Grisso, T. (1995). Psychological test use in criminal forensic evaluations. *Professional Psychology: Research and Practice*, Vol 26(5), 465-473.

Bouvard M., Cottraux J. (1998). *Protocoles et échelles d'évaluation en psychologie et en psychiatrie*, Masson, 280p.

Bricaud M., Calvet B., Vieban F., Prado-Jean A., Clement J.-P. (2012). Etude PerCaDim : relations entre approches dimensionnelles et catégorielles de la personnalité. L'encéphale, 38, 288-295.

Brunet L., ss dir. (1999). *L'expertise psycholégale. Balises méthodologiques et déontologiques*, Presses de l'Université du Québec, 372p.

Buquet A. (2011). *Manuel de criminalistique moderne et de police scientifique*, 5ème édition, PUF, 464p.

Campbell M.A., French S. & Gendreau P. (2009) A Meta-Analytic Comparison of Instruments and Methods of Assessment. *CriminalJustice and behavior*, Vol. 36, n°6, 567-590.

Côté G, Hodgins S. (1996). L'échelle de psychopathie de Hare révisée (PCL-R) : Éléments de la validation de la version française. Toronto: Multi-Health Systems.

Debuyst C. (1989). Criminologie clinique et inventaire de personnalité. Utilisation quantitative ou qualitative. *Déviance et société*, Vol. 13, n°1, p 1-21.

Coutanceau R. & Smith J. (2013). *Troubles de la personnalité.* Dunod, 536p.

De Cicco D.A. (2000). Police officer candidate assessment and selection. *FBI Law Enforcement Bulletin*, Vol 69, n°12, p1-6.

Doron R., Parot F. (ss Dir). (2011). *Dictionnaire de psychologie*, PUF, 756p.

Garb H.N., Florio C. M. & Grove W.M. (1998). The validity of the Rorschach and the Minnesota Multiphasic Personality Inventory: Results from meta-analyses. *Psychological Science*, 9, 5, 403.

Gudjonsson G. H. (2010). Psychological vulnerabilities during police interviews. Why are they important? *Legal and Criminal Psychologie*, 15, 2, 161-175.

Haddou M. (1998). *Les nouveaux tests démystifiés*. Aubier, 306p.

Hare R. D., Neuman C.S. (2010). Psychopathy: Assessment and Forensic Implications in L. Malatesti & J. McMillan (Eds). (2010). *Responsibility and Psychopathy: Interfacing Law*, Psychiatry and Philosophy (pp. 93-123). New York: Oxford University Press.

HAS - Haute Autorité de la Santé (2007). Expertise psychiatrique pénale, Rapport de la commission d'audition. Recommandations. http://www.has-sante.fr/portail/jcms/c_546807/expertise-psychiatrique-penale

Khiroya R., Weaver T., & Maden T. (2009). Use and perceived utility of structured violence risk assessments in English medium secure forensic units. *The Psychiatrist*, 33, 129-132.

Lachaux B. et al. (2008). Crédibilité et expertise psychiatrique. *L'information psychiatrique*, Vol. 84, 9, p. 853-860.

Lally, S.J. (2003). What tests are acceptable for use in forensic avaluations ? A survey of experts. *Professionnal psychology : Research and practice*, 34, 491-498.

Lilienfeld S.O., Wood J.M. & Garb G. N. (2000) The scientific status of projective techniques. *Psychological Science in the Public Interest*, vol 1, n°2, p27-66.

Logan M. (2012). No more bagpipes. The threat of the psychopath. *FBI Law Enforcement Bulletin*, Vol 81, n°7, p14-27.

Logan, M., & Hare, R. D. (2008). Criminal psychopathy: An introduction for police. In M. St-Yves & M Tanguay (Eds.). In *Psychology of criminal investigation: The search for the truth* (pp. 359-405). Cowansville, Quebec: Editions yvon blais.

Majois, V., Saloppé, X., Ducro, C. & Pham, H.T. (2011). La psychopathie et son évaluation. Psychiatrie. *Encyclopédie Médico-Chirurgicale*, 37, 320, A 45.

Miller L. (2007). The psychological Fitness-For-Duty Evaluation. *FBI Law Enforcement Bulletin*, Vol 76, n°8, p10-15.

Morrissey C., Hogue T., Mooney P., Allen C., Johnston S., Hollin C., Lindsay W. R. & Taylor J.L. (2007). Predictive validity of the PCL-R in offenders with intellectual disability in a high secure hospital setting: Institutional aggression. *Journal of Forensic Psychiatry and Psychology*, Vol. 18, N° 1, 1-15.

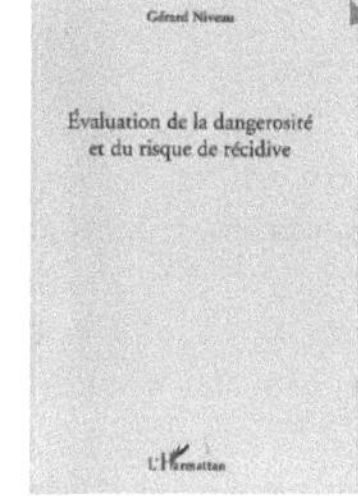

Niveau G. (2011). *Evaluation de la dangerosité et du risque de récidive*. Ed. L'Harmattan,, 178 p.

O'Toole M.E., Logan M, Smith S. (2012). Looking behind the mask. Implications for interviewing psychopaths. *FBI Law Enforcement Bulletin*, Vol 81, n°7, p14-27.

Otto, R. K., & Heilbrun, K. (2002). The practice of forensic psychology: A look toward the future in the light of the past. *American Psychologist, 57*, 5-18.

Pope, K. S., Butcher, J. N., & Seelen, J. (2006). The MMPI, MMPI– 2 and MMPI– A in court: A practical guide for expert witnesses and attorneys (2nd ed.). Washington, DC: American Psychological Association.

Reavis J.A. (2011). Serial Murder of Four Victims, of Both Genders and Different Ethnicities, by an Ordained Baptist Minister. *Case Reports in psychiatrie.* Vol 2011. 9p.

Roger S. R. (1990). Development of a new classificatory model of malingering, *Bull Am Acad Psychiatrie Law*, 18, 3, 323-333.

Rogers, R., Sewell, K. W., Martin, M. A., & Vitacco, M. J. (2003). Detection of feigned mental disorders: A meta-analysis of the MMPI-2 and malingering. *Assessment*, 10, 160–177.

A Comparison of MMPI-2 Measures of Psychopathic Deviance in a Forensic Setting. *Psychological Assessment*, 19, 430-436.

Sellbom, M., Ben-Porath, Y. S., & Fischler G.L. (2007). Identifying Mmpi-2 Predictors of Police Officer Integrity and Misconduct, *Criminal Justice and Behavior* ,34, 985.

Sellbom, M., Ben-Porath, Y. S., Baum, L. J., Erez, E., & Gregory, C. (2008). Empirical correlates of the MMPI-2 Restructured Clinical (RC) Scales in a Batterers Interventions Program. *Journal of Personality Assessment*, 90, 129-135.

Serial Murder. Multi-disciplinary perspectives for investigators. (2008). Behavioral Analysis Unit-2. National Center for the Analysis of Violent Crime. US Department of justice. FBI. 61p.

Singh JP, Grann M., FAZEL S. (2011). A comparative study of violence risk assessment tools: A systematic review and metaregression analysis of 68 studies involving 25,980 participants, *Clinical Psychology Review*,

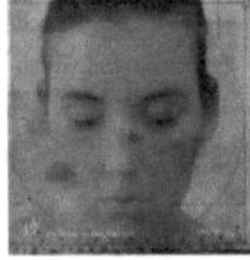

Sultan S., Chudzik L. (2010). *Du diagnostic au traitement : Rorschach et MMPI-2*, Editions Mardaga, 256 pages.

Tellegen, A., Ben-Porath, Y. S., McNulty, J. L., Arbisi, P. A., Graham, J. R., & Kaemmer, B. (2003). *MMPI-2 Restructured Clinical (RC) Scales: Development, validation, and interpretation.* Minneapolis, MN: University of Minnesota Press.

Villebru L.M., Viaux J.L. (1999). *Expertise psychologique, psychopathologie et méthodologie*, l'Harmattan, 448p.

Walsh, Z., & Walsh, T. (2006) The evidentiary introduction of PCL-R assessed psychopathy in U.S. courts: Extent and appropriateness. *Law and Human Behavior*, 30, 493-507.

Weiss W.U., Davis R., Rostow C., Kinsman S. (2003). The MMPI-2 L scale as a tool in police selection. *Journal of Police and Criminal Psychology*, 18, n° 1, 57-60.

Wilson D, Yardley E. (2013). The psychopathy of a Victorian serial killer. *Journal of criminal psychologie*, vol 3, n°1, p12.

Wood JM, Lilienfeld SO.(1999) The Rorschach Inkblot Test: a case of overstatement? Assessment. 1999 Dec;6(4):341-52

Printed by Books on Demand GmbH, Norderstedt / Germany